BEI GRIN MACHT SICH IHR WISSEN BEZAHLT

AF153504

- Wir veröffentlichen Ihre Hausarbeit,
  Bachelor- und Masterarbeit

- Ihr eigenes eBook und Buch -
  weltweit in allen wichtigen Shops

- Verdienen Sie an jedem Verkauf

Jetzt bei www.GRIN.com hochladen und kostenlos publizieren

Storytelling, Work-Life-Balance und Prioritätensetzung im Selbstmanagement

GRIN ☺

Bibliografische Information der Deutschen Nationalbibliothek:

Die Deutsche Nationalbibliothek verzeichnet diese Publikation in der Deutschen Nationalbibliografie; detaillierte bibliografische Daten sind im Internet über http://dnb.d-nb.de abrufbar.

ISBN: 9783346807175
Dieses Buch ist auch als E-Book erhältlich.

Druck und Bindung: Books on Demand GmbH, Norderstedt Germany
Gedruckt auf säurefreiem Papier aus verantwortungsvollen Quellen

Das vorliegende Werk wurde sorgfältig erarbeitet. Dennoch übernehmen Autoren und Verlag für die Richtigkeit von Angaben, Hinweisen, Links und Ratschlägen sowie eventuelle Druckfehler keine Haftung.

Das Buch bei GRIN: https://www.grin.com/document/1319512

Einsendeaufgabe

Themenkatalog 2022
Alternative A

Prüfungsleistung für das Modul

Selbstmanagement

Studiengang: Betriebswirtschaft (B.A.)

abgegeben am: 14.02.2022

Inhaltsverzeichnis

Abkürzungsverzeichnis

Aufl.	Auflage
Et al.	Und andere
Hrsg.	Herausgeber
Jg.	Jahrgang

Abbildungsverzeichnis

Tabellenverzeichnis

Aufgabe 1 - Storytelling

Storytelling ist eine Form der mündlichen und schriftlichen Übermittlung von Geschichten, die im Kontext auch in Präsentationen genutzt wird. In der Literatur gibt es zahlreiche Definitionen von Storytelling. In Anbetracht dessen wird der Begriff Storytelling mit zahlreichen verschiedenen Ansätzen, Herangehensweisen und Perspektiven dargestellt. Sammer definiert Storytelling im weitesten Sinne als das reale oder fiktive Nacherzählen einer Handlung oder eines Ereignisses. Dabei seien Geschichten Erfahrungsberichte, aus denen Zuhörer erfahren, wie sich Menschen in einer bestimmten Situation verhalten.[1] Demnach kann Storytelling auch als das Erzählen von Geschichten beschrieben werden.[2] Die neurologische Forschung stellt fest, dass das menschliche Gehirn intensiv und umfassend aktiviert wird, wenn man Geschichten hört. Daher ist es bedeutsam für den Redner Storytelling in seiner Präsentation einzuführen, damit die Inhalte der Präsentation bei den Zuhörern gut übermittelt werden.[3] Nicht nur das Broca- und das Wernicke-Arial, also die Hauptbereiche des Sprachzentrums, werden aktiv, sondern auch andere Bereiche des Gehirns werden zur Hilfe der Darstellung genutzt. Beispielsweise wird die Inselrinde bei der Verarbeitung von chemischen Reizen, beim Schmecken und Riechen einbezogen. Aufgrund dessen können wir uns in Erzählungen gut in die Situation hineinversetzen.[4]

Die Vielfalt des Einsatzes vom Storytelling zeigt sich zum Beispiel im Einsatz von Geschichten in Konferenzen, um die Mitarbeiter für neue Ideen zu begeistern. Zudem werden Geschichten auch für Präsentationen genutzt, um diese überzeugender zu vermitteln und dabei an schwer zugängliches Wissen heranzukommen.[5]

Storytelling erfüllt viele klassische Merkmale der Rhetorik, mit der sie eine zentrale Fähigkeit der folgenden drei Regeln, durch Reden und Geschichtenerzählen, einen Rahmen für Storytelling bilden. Aristoteles (384-322 vor Christus) verdeutlichte die Elemente einer guten Rede in Bezug auf Ethos, Pathos und Logos folgendermaßen:[6]

Merkmale	Bedeutung
Ethos	Von glaubwürdigen Persönlichkeiten werden gute Reden gehalten, die Werte vertreten.

---

[1] Vgl. Sammer (2014), S. 26-27.
[2] Vgl. Arenberg (2015), S.75.
[3] Vgl. Spitzer (2015).
[4] Vgl. Sammer (2014), S. 30-31.
[5] Vgl. Thier (2017), S. 19.
[6] Vgl. Sammer (2014), S. 22-23.

Pathos	Eine gute Rede bindet die Zuhörer emotional ein, inspiriert sie und regt ihre Vorstellungskraft an.
Logos	Eine gute Rede ist strukturiert. Durch das Ableiten logischer Verknüpfungen von Informationen kann das Publikum der Rede folgen, sie verstehen und erinnern sich daran.

Tabelle 1:   „Merkmale einer guten Rede"
(Quelle: Eigene Darstellung in Anlehnung an Sammer (2014), S. 22.)

Nachdem aufgezeigt wurde, welche Bedeutung sich hinter dem Begriff Storytelling befindet und wie es sich zu dem klassischen Konzept der Rhetorik verhält, wird nun nachfolgend auf die Gründe eingegangen, wieso Storytelling so gut funktioniert.

Aufgabe 1.1 - Einsatzmöglichkeiten von Storytelling

Aufgrund der komplexen Einsatzmöglichkeiten von Storytelling, wird nachstehend gezeigt, welche Möglichkeiten gezielt für den Einsatz in Präsentationen bestehen.

Das Erzählen von Geschichten ist nicht nur die Unterhaltung und das Lehren, sondern auch eine Methode, mit der explizites und implizites Wissen in Form von Metaphern in Präsentationen vermittelt werden kann. Diese Art des Erzählens wird auch in verschiedenen Bereichen wie z.B. in Unternehmen, in der Werbung oder auch in der Psychotherapie genutzt. Dabei werden dem/der Zuhörer*in oder Leser*in Erkenntnisse und Erfahrungen in Form von Geschichten in seiner persönlichen Welt vermittelt und können sich direkt in seinen Erfahrungshorizont integrieren.[7]

---

[7] Vgl. Schinko-Fischli (2018), S.77.

Anwendungsbereiche

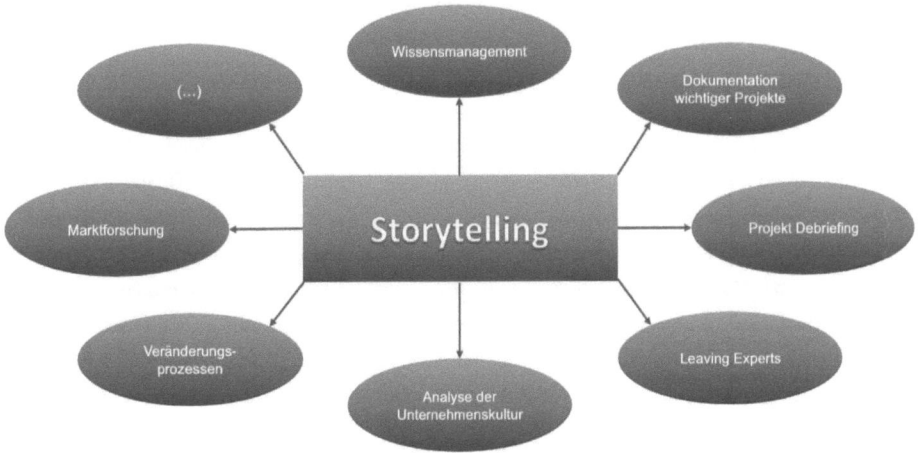

Abbildung 1:   „Anwendungsbereich Storytelling"
               (Quelle: Eigene Darstellung in Anlehnung an Thier (2017), S. 33-43.)

In der obigen Abbildung werden die verschiedenen Bereiche, in denen Storytelling zum Einsatz kommen kann, deutlich veranschaulicht.

Nach der Veranschaulichung der Einsatzmöglichkeiten des Storytellings, werden nun die Erfolge aus diesem genauer aufgelistet:[8]

1. Im Gehirn werden mehr Bereiche eingesetzt als bei einfachen Fakten.
2. Sachverhalte gewinnen durch Geschichten an Bedeutung und Sinn.
3. Die Zuhörer/-innen und Leser/-innen werden durch Storytelling miteingebunden und bekommen so die Möglichkeit für das Mitdenken und Mitfühlen.
4. Zwischenmenschliche Beziehungen und gemeinsame Ansichten werden gestärkt.
5. Durch sein Unterhaltungswert werden Geschichten eher verbreitet als reine Informationen.

Da sich die Wissenschaft zunehmend mit dem Geschichtenerzählen beschäftigt, rücken die Vorteile dessen immer mehr in den Fokus und das Erzählen von Geschichten wird in immer mehr Bereichen eingesetzt, so zum Beispiel auch in Präsentationen.[9]

Nachdem nun der allgemeine Effekt von Storybuilding dargestellt wurde, wird spezifischer auf die Umsetzung von Storytelling in Präsentationen eingegangen.

---

[8] Vgl. Schinko-Fischli (2018), S. 78.
[9] Vgl. Schinko-Fischli (2018), S. 78.

Aufgabe 1.2 - Storytelling in Präsentationen

Sammers Definition lässt sich adäquater Weise auf das Präsentieren anwenden. Hierbei wird Storytelling für die bessere Veranschaulichung beim Informieren und der Überzeugung genutzt.[10] Es kann schnell langweilig werden, wenn in Präsentationen nur Zahlen, Daten und Fakten vorkommen. Damit Informationen spannend und lebendig übermittelt werden können, besteht die Möglichkeit, Geschichten miteinzubeziehen. Gleichzeitig werden unterstützende Informationen mit eigenen Erfahrungen verknüpft und bleiben so besser im Gedächtnis des Zuhörers haften. Beispielsweise sind Erinnerungen aus der Schulzeit ein Beweis dafür, dass Geschichten im Gedächtnis besser abrufbar sind als Fakten, vor allem wenn eine lange Zeit dazwischen liegt.[11]

Vor der Verwendung von Geschichten in Präsentationen, sollten folgende Fragen in Betracht gezogen werden:

Motiv	Warum will ich diese Geschichte erzählen, was beabsichtige ich damit?
Ausschnitt	Was ist bedeutend?
Kontext	Wo und wem erzähle ich die Geschichte?

Tabelle 2: „Einführung der Verwendung von Geschichten in Präsentationen"
(Quelle: Eigene Darstellung in Anlehnung an Schinko-Fischli (2018), S. 91.)

Anhand der obigen Tabelle wird hier nochmal verdeutlicht, dass aus der Sicht eines Präsentierenden darauf zu achten ist, mit welchem Motiv diese Präsentation gehalten werden soll. Im Bereich Ausschnitt muss der bedeutende Inhalt für den Zuhörer verständlich hervorgehoben werden und im Kontext stehen.[12]

Es gibt mindestens drei Arten, Geschichten in Präsentationen einzubauen. Zum einen können Geschichten über sich selbst als Heldenreise gestaltet werden. Ziel ist es, die erfolgreiche Bewältigung individueller herausfordernder Situationen anschaulich und glaubwürdig zu vermitteln. Das darf keine Selbstdarstellung im negativen Sinne sein, sondern eine Offenheit und Ehrlichkeit gegenüber den Schwierigkeiten und Krisen in dem eigenen Leben und wie damit

---

[10] Vgl. Arenberg (2015), S. 76.
[11] Vgl. Schinko-Fischli (2018), S. 91.
[12] Vgl. Schinko-Fischli (2018), S. 91.

umgangen wurde. Gerade auf Fachtagungen in den Vereinigten Staaten von Amerika, werden solche persönlichen Geschichten oft verwendet. Es geht um das Überstehen von Scheidungen, das Überwinden von Alkoholproblemen, gescheiterten Geschäftsideen und anderen Krisen. Letztendlich wird damit erklärt, warum diese Person für die folgenden Themen besonders gut geeignet ist. Persönliche Geschichten sind ein besonders gutes Medium, wenn es darum geht, das Publikum emotional zu erreichen, es zu faszinieren und zu binden. Es ist immer wichtig, die Zuschauer wissen zu lassen, warum sie von der Reise des Helden hören und wie sie sich auf das Thema beziehen können.[13]

Es gibt auch die Möglichkeit, dem eigenen Team oder dem ganzen Unternehmen, die Heldenreise zu erzählen. Intern kann dies die Sensibilität erhöhen, die Unternehmensdynamik und den Zusammenhalt verbessern und sogar als Werbezweck für potenzielle Kunden dienen. Die Beispiele in der Geschichte verbinden Theorie und Praxis und sind dadurch besonders schlüssig, deutlich und glaubwürdig. Je umfangreicher die Inhalte sind, desto schwieriger und wichtiger ist es, passende und leicht verständliche Beispiele zu finden.[14]

Ferner besteht die Möglichkeit von Erzählungen über Dritte zu berichten, z. B. aus der Vergangenheit oder Geschichten über andere Unternehmen. Wichtig ist auch hierbei, dass der Bezug zum Thema auch stets transparent dargestellt wird. Diese Geschichten sind oft weniger bewegend als Geschichten über sich selbst, da sie weniger persönlich und weniger überzeugend sind. Auch sind sie sehr gut geeignet, um Themen mit Leben zu füllen.[15]

Insgesamt lässt sich festhalten, dass Storytelling eine wichtige Rolle bei Präsentationen spielt und in Form von Geschichten allgemein und auch in Präsentationen gut funktioniert. Es ist wichtig, dass die Geschichten einen Bezug zum Thema haben, denn damit wird die optimale Informationsübermittlung gewährleistet.

Aufgabe 2 - Work-Life-Balance

Work-Life-Balance ist ein bekannter, aber ungenauer Begriff, der aus wissenschaftlicher Sicht kein einzelnes Phänomen umfasst, sondern ein ganzes disziplinäres Feld, das sich mit Fragen des Verhältnisses und der Wechselwirkung von Beruf- und Privatleben beschäftigt. Die Komponente „Work" bezieht sich meistens auf die Erwerbsarbeit und Verpflichtungen, während die

---

[13] Vgl. Schinko-Fischli (2018), S. 92.
[14] Vgl. Schinko-Fischli (2018), S. 93.
[15] Vgl. Schinko-Fischli (2018), S. 94.

Komponente „Life" sich auf die Lebensbereiche wie in etwa Familie, Freundschaft, Gesundheitsverhalten, soziales und kulturelles Engagement bezieht. Die empirische Forschung konzentriert sich auf das Zusammenspiel von Erwerbsarbeit und den sozialen Gesichtspunkten.[16] Es hängt auch mit einer Verringerung der Arbeitszeit, einer Zunahme an freier Gestaltungszeit im Vergleich zur älteren Generation und vor allem mit einem Wandel der gesellschaftlichen Werte zusammen. Viele Menschen wünschen sich die Werte wie Familie und Freundschaften, gemeinsam mit den eigenen Bedürfnissen zu leben und mit dem Streben nach Selbstverwirklichung im Einklang zu bringen.[17] Vor der Industrialisierung gab es noch deutliche Unterschiede zwischen traditionellen Rollenbildern. So konzentrierten sich die Männer auf das Berufsleben, während der Fokus der Frauen hauptsächlich auf der Familie lag. Nachdem sich die Anzahl der berufstätigen Frauen und die Technologiedurchdringung in allen Lebensbereichen sich veränderten, sprach man von einem demographischen Wandel. Die daraus resultierenden veränderten Anforderungen, dass Work und Life nicht mehr nach Geschlecht getrennt werden, beeinflusste unser Berufs- und Privatleben und müssen mit neuen Herausforderungen bewältigt werden.[18]

In dem vorangegangenen Abschnitt wurde deutlich, was unter Work-Life-Balance verstanden wird. Im Folgenden wird auf die Gestaltung der PowerPoint-Folie eingegangen.

Einer der wichtigsten Voraussetzungen bei der Gestaltung von PowerPoint Präsentationen ist die Orientierung auf das Publikum. Die Fähigkeit des Betrachters, visuelle Informationen zu sehen, wird oft unterschätzt. Da Zuschauer optische Details beim Betrachten positiv oder negativ bewerten und diese Emotion in den Inhalt der Botschaft übertragen, wird dies oft als Präsentator nicht wahrgenommen. Auf der nächsten Seite wird eine PowerPoint-Folie zum Thema „Word-Life-Balance" abgebildet und näher geschildert, nach welchen Prinzipien und Regeln diese Folie gestaltet wurde.[19]

---

[16] Vgl. Moser (2007), S. 228.
[17] Vgl. Arenberg (2018), S. 103.
[18] Vgl. Collatz/Gudat (2011), S. 6.
[19] Vgl. Thuls (2013), S. 61.

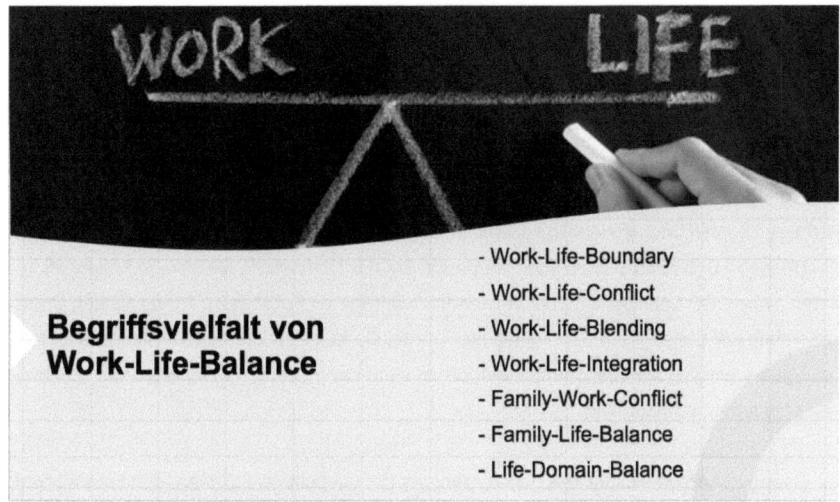

Abbildung 2:   „PowerPoint-Folie, Work-Life-Balance"
(Quelle: Eigene Darstellung in Anlehnung an Arenberg (2018), S. 103.)

Die obige Abbildung stellt eine „Titel und Inhalt" Folie der PowerPoint Präsentation „Work-Life-Balance" dar. Diese Folie zeigt eine Überschrift, sieben Aufzählungen und eine Abbildung in Form einer Tafel mit der Skizze einer Waage, die die Aufschrift „Work und Life" trägt. Durch die hervorgehobene Überschrift, die bewusst links mittig platziert wurde, wird dem Leser die Bedeutung der Folie umgehend deutlich, denn das Auge des Lesers geht in der Regel einen Weg mit bedeutenden Punkten nach. Zudem ist es wichtig, dass jede Folie ein Thema beinhaltet. Das jeweilige Thema muss gewiss in den Folientitel geschrieben werden, da dieser als thematische Klammer für die Stichpunkte dient. Dadurch weiß das Publikum sofort, worum es sich bei der aktuellen Präsentation handelt und kann den eigentlichen Folieninhalt leichter einordnen. Wenn auf einer Folie nicht genügend Platz für den Inhalt eines Themas ist, kann das Thema auf der nächsten Folie fortgesetzt werden. Die folgenden Folien sollten den gleichen Titel haben und fortlaufend nummeriert sein.[20]

Auf der in „Abbildung 2" gezeigten Folie, wurde das Thema auf die Folie geschrieben und mit der Schriftart „Fett" hervorgehoben. Somit hebt sich das Thema klar von der Auflistung ab und der Titel kann vom Leser besser wahrgenommen werden. Die Gestaltung der Präsentationsfolien hängt immer von der Beleuchtung, Größe und weitere Umgebungsbedingungen des Raumes ab, in dem die Präsentation stattfindet. Auch das Publikum beeinflusst den Präsentator bei der Wahl der Schriftgröße, sodass es bei älteren Zuhörern sinnvoll ist, die Schriftgröße

---

[20] Vgl. Thuls (2013), S. 64.

zu erheben. Bei Schriftarten gibt es Hinweise darauf, dass serifenlose Schriftarten wie Arial oder Verdana auf Folien besser lesbar sind als Serifenschriften wie Times New Roman.[21]

Es ist zu vermeiden, dass innerhalb einer Präsentation unterschiedliche Schriftarten genutzt werden. Die Schrittgröße ist bei mindestens 16 Punkt und höher anzusetzen. Insgesamt sollen maximal drei Schriftgrößen verwendet werden. Die Schriftfarbe ist vorzugsweise Schwarz, wichtige Informationen können in verschiedenen Farben dargestellt werden, jedoch sollte eine übertriebene Schriftfarbe vermieden werden.[22] Bei der Überschrift, die sich im Folientitel befindet, wurde die Schrittgröße 36pt verwendet, während im Folieninhalt zur deutlichen Unterscheidung die Schrittgröße 24pt verwendet wurde. Da mehr als drei unterschiedliche Schriftgrößen als unruhig wahrgenommen werden, besteht die gesamte Präsentation nur aus zwei verschiedenen Schriftgrößen.[23]

Zu einer guten PowerPoint-Folie gehört mehr als nur die richtige Schriftart, denn ein weiterer wichtiger Faktor ist die Struktur und Masse des Textes. Folien sollten das Gehörte visuell unterstützen und nicht endlos lange Texte enthalten. Der Text auf der Folie sollte auf einige verkürzte Begriffe, Schlagworte oder kurze Halbsätze reduziert werden. So können Zuschauer den Inhalt der Folien schnell und einfach dem Gesprochenen zuordnen.[24] Auch Aufzählungszeichen gehören zum Text. Oftmals wird über die „7x7- Regel" gesprochen. Hierunter verbirgt sich, dass auf einer Folie maximal sieben Aufzählungen zu maximal sieben Wörtern aufgelistet werden sollten, wobei es hier auch zu mehrzeiligen Aufzählungen kommen kann. Um die Struktur und Richtung einer Folie zu gewährleisten, sind Aufzählungszeichen erforderlich, da getrennte Zeilen- und Absatzabstände keinen nützlichen Leitfaden darstellen. Gleichzeitig sollen die Punkte unaufdringlich und stimmig, aber auch erkennbar sein. Beispielsweise sollte nicht von Punkt auf Bindestrich umgestellt werden, da dies eher irritierend wirkt.[25] Auf der oben abgebildeten PowerPoint-Folie sind sieben Aufzählungszeichen aufgeführt.

Bei der Foliengestaltung spielt neben der Schriftart, Schriftgröße und Aufzählungszeichen, auch das Farbschemata mit seinen jeweiligen Farbeffekten eine wichtige Rolle. Farbe wirkt nie allein, sondern immer in Relation zu ihrer Umgebung. Dieses Verhältnis zwischen Farben wird als Farbkontrast bezeichnet. Schwarze Schrift auf weißem Grund bietet den besten Kontrast. Daher wurde hier die Hintergrundfarbe weiß verwendet. Diese Farbe wird in den meisten Präsentationen als Hintergrundfarbe verwendet, denn weiß steht bei vielen Betrachtern für

---

[21] Vgl. Sheedy et al. (2005).
[22] Vgl. Renz (2013), S. 110.
[23] Vgl. Arenberg (2015), S. 97.
[24] Vgl. Thuls (2013), S. 118.
[25] Vgl. Thuls (2013), S. 120.

Reinheit und ist farblos. Begriffe wie friedlich, untadelig, sauber und leer werden sehr häufig mit der Farbe weiß assoziiert.[26] Die Farbe von einem Element in der Präsentation sollte nicht verändert werden. Diese einheitliche Farbgebung verbessert auch die Orientierung des Publikums.[27]

Beim Betrachten von Bildern werden individuelle Gefühle und Assoziationen ausgelöst. Auf der Folie sehen wir im oberen Bereich eine Grafik, auf der eine skizzierte Waage mit den beiden Worten Work und Life steht. Auf der rechten Seite der Grafik ist eine Hand zu sehen, die eine Kreide hält. Diese Abbildung taucht auf jeder Folie auf und knüpft an das Thema Work-Life-Balance an. Indem der Hintergrund stetig beibehalten wird, ist die Präsentation konform und das Publikum weiß, dass die Work-Life-Balance durchgehend das behandelte Thema ist, unabhängig davon, welche Punkte auf der Folie besprochen werden. Wie bereits erwähnt, sollten alle Folien einer Präsentation ein einheitliches Design haben. Hierfür ist der Folienmaster von PowerPoint geeignet. Mit dieser Funktion können Einstellungen wie Schriftart, Schriftgröße, Hintergrundfarbe, Bilder oder Aufzählungszeichen in der gesamten Präsentation standardisiert werden.[28] Wenn sich beispielsweise die Hintergrundfarbe aller Folien von Weiß auf Gelb verändern soll, könnte dies über den Folienmaster bearbeitet werden. Somit erfolgt eine Ersparnis der Bearbeitung von einzelnen Folien. Des Weiteren gibt es noch Animations- und Einblendeffekte. Diese werden während der gesamten Präsentation nicht eingesetzt, da sie nur verwendet werden sollten, wenn das Ziel darin besteht, die Aufmerksamkeit des Betrachters auf einen bestimmten Inhalt oder eine bestimmte Aussage zu lenken.[29]

Der Erfolg dieser allgemeinen Regeln konnten auch durch wissenschaftliche Experimente bestätigt werden. So zeigte die Studie von Nieke folgendes Forschungsergebnis. Die Studierenden wurden zufällig in drei gleich große Gruppen eingeteilt. In einer der Gruppen präsentierte ein Student ein neues Lehrbuch über Erziehungswissenschaften. Die Vorträge der jeweiligen Gruppen waren wie folgt aufgebaut:[30]

1. Einfacher Vortrag
2. Vortrag mit schwarzweißen Overheadfolien
3. Dynamische PowerPoint-Präsentation mit einem Foliensatz aus dem Repertoire des Vorlangenprogramms (Office 2003)

---

[26] Vgl. Renz (2013), S. 114.
[27] Vgl. Böhringer et al. (2017), S. 32.
[28] Vgl. Graebig et al. (2011), S. 56.
[29] Vgl. Krist et al. (2015), S. 96.
[30] Vgl. Arenberg (2015), S. 98.

Vor Beginn der Präsentation wurde das Vorwissen der Studierenden abgefragt. Dies geschieht durch binäre Kodierung, d. h. das Wissen wird einfach als „gelöst" oder „nicht gelöst" bewertet. Nach der Präsentation wurde eine Folgenabschätzung durchgeführt, die den kurzfristigen Memory-Effekt zeigte. Zwischen den drei Präsentationsformen, ergaben sich erkennbare Unterschiede hinsichtlich des Ergebnisses. Die Gruppen, die sich den einfachen Vortrag anhörten, erreichten die besten Ergebnisse, während die Gruppe, die sich die dynamische PowerPoint-Präsentation ansah, die schlechtesten Ergebnisse erzielte.[31]

Anhand der PowerPoint- Folie wurde gezeigt, welche Punkte man bei der Erstellung einer Folie zu beachten hat.

Aufgabe 3 – Selbstmanagement

Nun wird gezeigt, welche Bedeutung das Setzen von Prioritäten im Selbstmanagement hat. Selbstmanagement ist ein weit gefasster Begriff. Im Studienbrief „Selbst- und Zeitmanagement" von Arenberg wird erklärt, dass das Verständnis des Selbstmanagements als Wegweiser zum persönlichen Erfolg bis hin zur anerkannten Selbstmanagementtherapie, einer Methode der Selbstregulation vor allem im gesundheitlichen und medizinischen Kontext umfasst. Selbstmanagement ist auch ein umgangssprachlicher Begriff, der fast täglich verwendet wird und eine Suche nach Richtungen oder Lösungswegen beinhaltet. Aus diesem Grund werden zunächst über zwei Perspektiven des Selbstmanagements diskutiert, die wirtschaftliche Perspektive und die therapeutische Perspektive.[32] Auch wenn Selbst- und Zeitmanagement völlig unterschiedliche Konzepte sind, beinhalten sie jedoch einen Überschneidungsbereich. Beide Begriffe weisen darauf hin, dass die Akteure etwas steuern können. Beim Zeitmanagement wird der Zeitpunkt, zu dem die Aktivität stattfindet, strukturiert, während beim Selbstmanagement die Akteure sich selbst verwalten.[33]

Beim Selbstmanagement sollte grundsätzlich zwischen den Ebenen, Ziel und Methode, unterschieden werden. Das Ziel wird im Wesentlichen von normativen Aspekten geleitet, beispielsweise in Bezug auf Vorstellungen darüber, inwieweit individuelle Bedürfnisse im Vordergrund stehen oder in Zusammenhang mit gemeinschaftlichen Bedürfnissen stehen sollten (Egoismus vs. Altruismus). Diese beiden Ziele wurden in verschiedenen historischen Perioden mehr oder weniger stark diskutiert. Auch werden den Zielen des Selbstmanagements in verschiedenen

---

[31] Vgl. Arenberg (2015), S. 98-99.
[32] Vgl. Arenberg (2018), S. 29.
[33] Vgl. Kleinmann/König (2018), S. 2.

Kulturen sehr unterschiedliche Bedeutungen zugemessen. Insbesondere die Optimierung der Autonomie und der persönlichen Freiheit wird als Kernziel der Selbstmanagement-Therapie angesehen. Selbstmanagement ist eine Methode, die versucht, das eigene Verhalten durch den Einsatz bestimmter Strategien zu kontrollieren oder zu verändern. Dies impliziert eine übergreifende Strategie des Wandels. Eine besondere Rolle spielen Variablen der Selbstregulation und der Selbstkontrolle. Jedoch beschränkt sich Selbstmanagement generell nicht nur darauf, sondern nutzt verschiedene Methoden, um das eigene Verhalten zu ändern.[34]

Nach der Einführung der allgemeinen Bedeutung und Funktion von Selbstmanagement, wird nun die Voraussetzungen und Probleme des Selbstmanagements am Beispiel einer fiktiven Person erklären, die sowohl berufstätig ist und eine Familie hat, als auch ein Fernstudium absolviert.

Aufgabe 3.1 – Voraussetzungen für Selbstmanagement im Studium

Die Studienzeit bildet für jedes Individuum eine besondere Phase des Lebens ab. Einige Individuen studieren schon seit mehreren Semestern, andere fangen gerade erst an. Manche wollen ihr Studium so schnell wie möglich absolvieren, andere möchten erst einmal neue Freiheiten genießen und wollen sich keine eigenen Regeln stellen. Jeder hat seine eigene Grundlage. Auch wenn es nicht bewusst reflektiert wird, hat diese Auswirkungen auf die persönliche Arbeit sowie die täglichen Prozesse und beeinflusst somit die eigene Priorisierung. Diese unterschiedliche objektiven und subjektiven Bedingungen müssen berücksichtigt werden, wenn Selbstmanagement im Studium erfolgreich umgesetzt werden soll.[35]

Ohne tiefes Verständnis gehen viele zunächst davon aus, dass jeder Selbstmanagement erfolgreich praktizieren kann. Dies gilt jedoch nur, wenn die Voraussetzung Freiheit und der Wille zu Leistung erfüllt sind. Fehlen diese beiden Bedingungen ist Selbstmanagement nicht möglich. Auf den ersten Blick mag das selbstverständlich erscheinen und der Mensch ist dazu geneigt, nicht darüber nachzudenken. Der Einfluss von Willen und Freiheit auf das Selbstmanagement ist jedoch nicht zu unterschätzen. Ohne den Willen etwas zu verändern oder durch eine anhaltende mangelnde Motivation, kann das erstrebte Ziel nur zufällig erreicht werden. Viele Menschen bemängeln die Situation und gestehen sich ein, dass sich etwas verändern muss, beispielsweise wollen sie weniger arbeiten und dafür mehr Pausen einführen. Darüber

---

[34] Vgl. Magref/Schneider (2009), S. 630.
[35] Vgl. Püschel (2017), S. 11-12.

hinaus wollen sie auch mehr Zeit mit der Familie verbringen. Letztendlich sind es nur Lippen-bekenntnisse und die Situation bleibt unverändert. Dieses Phänomen ist z.B. auch als gute Vorsätze zum Jahreswechsel bekannt. Oft folgen keine Aktivitäten, die über das Gesagte hin-ausgehen. Daher ist der eigene Wille im Selbstmanagement sehr wichtig und gehört bei vielen Methoden zum Konzept. Aber auch denen, die einen festen Willen zur Verhaltensänderung haben und proaktiv sind, fehlt möglicherweise die Freiheit dazu. Freiheit bezieht sich auf das Privat- und Berufsleben. Wenn Mitarbeiter keine Freiheit haben, ihre Zeit eigenständig zu pla-nen, könnte man in diesem Bereich eigenständig auch nichts verändern.[36]

Aufgabe 3.2 – Prioritäten

Um die Wichtigkeit des Vorhabens zu erkennen, müssen Prioritäten im Selbst- und Zeitma-nagement dazu herangezogen werden. Die Priorisierung beim Lernen ist ein integraler Be-standteil der meisten praktischen Ansätze, da sie bei der Entscheidungsfindung hilft. Hierzu werden die Aufgaben, Wünsche und Optionen hierarchisch geordnet. Sie geben einzelnen Positionen eine sinnvolle Bedeutung und führen dazu, dass die Reihenfolge optimiert wird. Dazu hinterlegt man die Präferenzen mit Begriffen wie „wichtig", „nützlich", „dringlich", „hilf-reich" oder „günstig". Indem man Prioritäten setzt, kann man nicht nur die Ressourcen und Energie miteinander verknüpfen, sondern auch bessere Entscheidungen treffen, Ziele finden sowie erreichen.[37] Das Setzen von Prioritäten ist eine Art des Selbstmanagements. Dabei wird bestimmt, welchen Zielen wie viele Ressourcen zukommen. Mit der richtigen Priorisierung kann das Problem der Wahl alternativer Handlungsoptionen reduziert werden. Im Wesentli-chen geht es darum, die richtigen Prioritäten (Tätigkeiten, Aufgaben, Dinge) zu identifizieren und darauf aufbauend Entscheidungen zu treffen.[38]

Für das Setzen von Prioritäten gibt es unterschiedliche Techniken und Methoden. Auf der nächsten Abbildung wird veranschaulicht, welche sich eher einfach, intuitiv erfassbar und mit-einander kombinieren lassen. Es gibt auch keine qualitative Bewertung im besseren oder schlechteren Sinne. Es ist nur abhängig davon, welche zur persönlichen Passform besser ge-eignet ist.[39]

---

[36] Vgl. Arenberg (2018), S. 32-33.
[37] Vgl. Mai (2022).
[38] Vgl. Arenberg (2018), S. 92.
[39] Vgl. Arenberg (2018), S. 92.

Methoden der Prioritätensetzung	
Methode	**Erklärung**
Das Pareto-Prinzip	Im Selbst- und Zeitmanagement wird das Pareto-Prinizp genutzt, um die Prioritäten so zu setzten, dass die Entscheidungen auf die wichtigen Tätigkeiten gerichtet werden. Es sollte hierbei bedacht werden, dass das Prinzip eher für grobe Einschätzungen dient, anstatt einer genauen Planung.
ABC-Analyse	Bevor die ABC-Analyse im Selbst- und Zeitmanagement genutzt werden kann, sollten die Wichtigkeit der Aufgaben und der dafür geschätzter Zeitaufwand genauer analysiert werden.
Eisenhower-Prinzip	Beim Eisenhower-Prinzip, auch als Eisenhower-Methode bekannt, werden alle Aufageben nach der Wichtigkeit und Dringlichkeit eingeschätzt. Für die leichtere Anwendung werden vier Quadranten vorgesehen.
ALPEN-Methode	Die Alpenmethode wird meistens schriftlich angewandt. Das Wort ALPEN ist ein Akronym und steht für: **A**; Aufgaben schreiben, **L**; Länge der einzelnen Aufgaben schätzen, **P**; Pufferzeiten einplanen, **E**; Entscheidung über Prioritäten setzen, **N**; Nachkontrolle

Tabelle 3:   „Methoden der Prioritätensetzung"
(Quelle: Eigene Darstellung in Anlehnung an Arenberg, 2018, S. 93-97.)

Aufgabe 3.2.1 – Fehlerquellen bei der Prioritätensetzung

Trotz eines hohen Stellenwertes werden manche Prioritäten falsch gesetzt. Das liegt meist an typischen Fehlern im Umgang mit Zielen und Prioritäten. Prioritäten dienen dazu Ordnung zu schaffen, die Organisation zu erleichtern und Zeit, Energie und Stress zu sparen. Daher ist es notwendig im Vorfeld ausreichend Zeit zu investieren, um die richtigen Prioritäten zu setzen. Es ist wichtig die Situation im Auge zu behalten, damit man nicht den Überblick über seine Projekte und offenen Baustellen verliert. Langfristig betrachtet lassen sich viele kleine Aufgaben wie Puzzleteile besser organisieren. Selbst die besten Prioritäten nützen nichts, wenn wir uns nicht danach orientieren. Leider neigen die Menschen dazu, sich selbst zu betrügen. Immer wieder klingelt das Telefon, E-Mails machen sich laut bemerkbar oder ein Kollege stürmt ins Büro. Alle guter Wille verfliegt sofort und das Ziel ist vergessen. Priorisieren bedeutet demnach nicht nur, die eigenen Aufgaben aufzuteilen, sondern auch zu überlegen, ob andere besser geeignet sind, einen Teil zu übernehmen. Auf diese Weise werden die Ergebnisse nicht nur schneller, sondern in der Regel auch besser erreicht. Auch wenn sich nun ein Kollege mit einer Aufgabe näher befasst, sollten die Fortschritte trotzdem zwischenzeitig kontrolliert werden. Denn eine zwischenzeitige Kontrolle kann dazu beitragen, dass festgestellt werden kann, die Aufgabe ggf. einem anderen Kollegen zu übertragen.[40]

Prioritäten sollten regelmäßig hinterfragt, neu definiert bzw. neu gesetzt werden. Gerade wenn neue Informationen oder Situationen auftauchen, sollten diese bedacht und verwendet werden, da sie bisherige Prioritäten verändern können. Prioritäten erfordern immer eine gewisse Flexibilität, um Änderungen zu berücksichtigen und sie anzupassen.[41]

Nachdem nun die Bedeutung der Priorisierung für das Selbstmanagement dargestellt wurde, wird anhand eines Beispiels ein Prioritätenkonflikt und dessen Lösung durch Selbstmanagement genauer illustrieren.

Aufgabe 3.3 – Konflikte mit Prioritäten im Fernstudium.

Im Folgenden wird einen Konflikt in der Priorisierung am Beispiel einer Fernstudentin dargesetllt. Ein Fernstudium erfordert ein hohes Maß an Selbst- und Zeitmanagement, besonders für Fernstudierende, die neben dem Studium noch arbeiten und eine Familie besitzen. Hierbei kommt es oft vor, dass das Studium mit der Familie in Konflikt gerät. Um diesen Konflikt zu vermeiden, müsste man Selbstmanagement wie folgt anwenden. Zunächst muss sich die Fernstudentin aus dem Beispiel Prioritäten richtig setzen, die sie anstreben kann. Dazu sollte Sie ihre Prioritäten genauer analysieren, und diese in eine für sie geeigneten Hierarchie ordnen. Wenn wir davon ausgehen, dass das Schreiben einer Hausarbeit und das Familienleben im Vordergrund stehen, sollte Sie ihre Präferenzen in einer sinnvollen Reihenfolge auflisten, dabei eine Handlungsstrategie entwickeln und diese zeitlich für sich einteilen. Parallel zu ihrem Bestreben, ihr Studium abzuschließen, muss sie auch in Vollzeit arbeiten und ein Familienleben führen. Um diesen Alltag erfolgreich zu meistern, bedarf es eines gut strukturierten Plans. Die Fernstudentin könnte eine „ABC-Analyse" anwenden, um wichtigeren Aufgaben mehr Zeit zu widmen. Bei der Aufgabeneinteilung werden zwei wichtige Aspekte berücksichtigt. Zum einen wird erst geprüft, welche Wichtigkeit eine Aufgabe für die Erreichung der eigenen Priorität hat. Zum anderen muss abgeschätzt werden, wie hoch der Zeitaufwand ist, um diese Aufgabe zu erledigen.

---

[40] Vgl. Mai (2022)
[41] Vgl. Mai (2022)

Die Fernstudentin könnte ihre drei Aufgaben wie folgt strukturieren:

Aufgabe	Beschreibung
A	Zeit mit der Familie verbringen
B	Lernen für die Modulprüfung
C	Ins Fitnesstudio gehen

Tabelle 4: „ABC-Analyse Fernstudium"
(Quelle: Eigene Darstellung)

Bei der ABC-Analyse werden die Punkte nach Wichtigkeit aufgelistet. Hierbei steht der Buchstabe „A" für eine sehr wichtige Aufgabe, die eine hohe Auswirkung für die Zielerreichung hat. Wobei der Buchstabe „C" für eine vorwiegende Routinetätigkeit steht, die aber fast keine Wirkung für die Zielerreichung verfügt. Da die Aufgaben über unterschiedliche Wichtigkeiten besitzen, sollten sie auch einen Anteil der verfügbaren Zeit haben, der auf die Wichtigkeit basiert. Diese könnten als Prozentsatz angegeben werden. Zum Beispiel könnte die prozentuale Verteilung wie folgt aussehen, 50% für A, 30% für B und 20% für C. Die Literatur nennt auch andere Verteilungen. Es ist jedoch wichtig, dass die tatsächlich für eine Aufgabenkategorie aufgewondete Zeit umgekehrt proportional für die anderen Aufgaben angesetzt wird.[42]

Es bedarf jedoch an weiterer Planung, um Studium, Beruf und Familie geordnet bewältigen zu können. Dies kann in Form eines Wochenplans dargestellt werden. Wochenpläne ermöglichen die Beschließung fester Termine, welches motivierende Auswirkungen haben kann. Nachfolgend wird ein solcher Wochenplan für unsere fiktive Fernstudentin dargestellt.

---

[42] Vgl. Arenberg (2018), S. 94-95.

	Mo	Di	Mi	Do	Fr	Sa	So
07:00							
08:00							
09:00							
10:00	Arbeit	Arbeit	Arbeit	Arbeit	Arbeit	Studium	
11:00							
12:00							
13:00							
14:00							Familie
15:00					Studium		
16:00							
17:00	Studium	Studium	Studium	Studium		Familie	
18:00							
19:00					Familie		
20:00	Familie	Familie	Familie	Familie			
21:00							

Abbildung 3: „Wochenplan der Fernstudentin"
(Quelle: Eigene Darstellung)

Bei der Erstellung des Wochenplans, wurde zunächst einmal die gesamte Aktivitätszeit der Studentin analysiert. Aufgrund der festen Arbeitszeiten, besteht kein Spielraum diese Zeiten zu verschieben. Daher muss die Zeit für das Studium und der Familie danach gerichtet werden. Hier wird deutlich, wie effektiv die Zielsetzung und die Planung für das Selbstmanagement ist. Ohne diese Faktoren wäre ein Studium für die Fernstudentin mit Beruf und Familie wahrscheinlich nicht erfolgreich. Die Studentin kommt von der Arbeit und muss sich ihre restliche Zeit zwischen Studium und Familie einteilen. Studium und Familie stehen in dieser Zeit grundsätzlich in einem Konflikt miteinander. Da es kein Management von außen gibt (feste Arbeitszeiten), muss sie sich selbst managen. Wenn sie das nicht schafft, besteht die Gefahr, dass sie zu wenig Zeit in ihr Studium investiert. Deswegen priorisiert sie Studium über Familie. Mit der Hilfe eines Wochenplans, können feste Zeiten sie zwingen für das Studium zu arbeiten und somit einen Erfolg zu garantieren.

Literaturverzeichnis

Arenberg, P. (2015), Kreativitäts- und Präsentationstechniken (4. Auflage). Riedlingen: SRH Fernhochschule.

Arenberg, P. (2018), Selbst- und Zeitmanagement. Riedlingen: SRH Fernhochschule.

Böhringer, J./Bühler, P./Schlaich, P. (2007), Präsentieren in Schule, Studium und Beruf. Präsentationssoftware und Übungen auf CD-ROM. Berlin: Springer.

Collatz, A./Gudat, K. (2011), Work-Life-Balance. Göttingen: Hogrefe.

Graebig, M./Jennerich-Wünsche, A./Engel, E. (2011), Wie aus Ideen Präsentationen werden. Planung, Plot und Technik für professionelles Chart-Design mit Power- Point. Wiesbaden: Gabler.

Kleinmann, M./König, C. J. (2018), Selbst- und Zeitmanagement. Göttingen: Hogrefe.

Krist, S./Noll, K./Pick, R./Pielstick, A./Sayeed, S./Schmid, L./Schneider, M. (2015), Power-Point-Präsentation. In: Schneider, M./Mustafić, M. (Hrsg.), Gute Hochschullehre: Eine evidenzbasierte Orientierungshilfe. Wie man Vorlesungen, Seminare und Projekte effektiv gestaltet. Berlin: Springer.

Mai, J. (2022), Prioritäten setzen im Leben. Karriere Bibel. URL: https://karrierebibel.de/prioritaten-setzen/. (Letzter Zugriff am 14.02.2022)

Moser, K. (2015), Wirtschaftspsychologie (2. Auflage). Nürnberg: Springer.

Püschel, E. (2017), Selbstmanagement und Zeitplanung (2. Auflage), Paderborn: Utb.

Renz, K.-C. (2013), Das 1 x 1 der Präsentation. Für Schule, Studium und Beruf. Wiesbaden: Springer Gabler.

Sammer, P. (2014), Storytelling. Köln: dpunkt.verlag GmbH.

Schinko-Fischli, S. (2018), Angewandte Improvisation für Coaches und Führungskräfte. Grundlagen und kreativitätsfördernde Methoden für lebendige Zusammenarbeit. Appenzell: Springer.

Sheedy, J. E./Subbaram, M. V./Zimmerman, A. B./Hayes, J. R. (2011), Text legibility and the letter superiority effect, Human factors, 47. Jg. (4. Auflage). Washington: Springer.

Spitzer, M. (2015), Belohnung – Glück – Zufriedenheit, Neuromarketing Kongress. München. URL: https://www.youtube.com/watch?v=w6zFQui4M9I (Letzter Zugriff am 14.02.2022)

Thier, K. (2017), Storytelling. Eine Methode für das Change-, Marken-, Projekt- und Wissensmanagement (3. Auflage). Bad Bergzabern: Springer.

Tuhls, G. O. (2013), PowerPoint 2013 - Das umfassende Praxis-Handbuch. Überzeugend präsentieren, PowerPoint effektiv einsetzen, Ideen kreativ umsetzen. Heidelberg: mitp.